HARDPRESS.NET
HOME OF HARD-TO-FIND BOOKS

Pharmacia
by J. L. Magalhães Ferraz

Address:
HardPress
8345 NW 66TH ST #2561
MIAMI FL 33166-2626
USA
Email: info@hardpress.net

PHARMACIA

ESTUDOS BIBLIOGRAPHICOS

por

J. L. Magalhães Ferraz

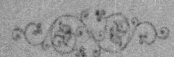

COIMBRA
Imprensa da Universidade
1876

PHARMACIA

ESTUDOS BIBLIOGRAPHICOS

PHARMACIA

ESTUDOS BIBLIOGRAPHICOS

POR

J. L. Magalhães Ferraz

COIMBRA

IMPRENSA DA UNIVERSIDADE

1876

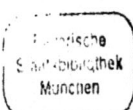

I

Quem se anima em Portugal a emprehender estudos
e publicações de sciencias naturaes, com especialidade
quando se referem aos d'uma classe quasi votada ao
esquecimento pelos poderes publicos, bem merece que
ao menos os membros d'ella lhe paguem em congratu-
lações as fadigas e contrariedades de quem se abalança
a taes empresas.

Assim, ao vermos sahir dos prelos a obra que vamos
estudar, a classe pharmaceutica deve regosijar-se, porque mais um livro util possue a pharmacia patria, e
tanto mais que esse livro póde servir de eloquente pro-
testo ao estado degradante em que jaz o ensino da pharmacia em Portugal. Entre as demonstrações do nosso
regosijo poderemos hoje dizer aos governos: — não nos
dais instrucção, mas ahi tendes o fructo de aturado es-

tudo; — vêde quanto os esforços particulares excedem o mesquinho apparato das vossas escholas officiaes! Mesquinho sim, porque nunca sériamente se cogitou das vantagens que podem provir da cultura das sciencias de applicação, entre as quaes occupa a pharmacia logar de muito valor. Mesquinho sim, porque nem o exemplo do que se passa em nações mais esclarecidas tem sido devidamente apreciado. Mesquinho finalmente, porque parece ignorar-se quanto se têm assignalado os pharmaceuticos em beneficio das sciencias, das artes e das industrias.

Influenciados pela leitura d'um novo livro de pharmacia, cousa rara no nosso paiz; e, tentando nós, ainda que mal, dar d'elle minguada noticia, relevem-se-nos algumas considerações que naturalmente a sua leitura nos suscita. Em todos os paizes onde a instrucção pharmaceutica se torna realidade, e não simples ficção, como entre nós, lá se nota que exerce influencia em todos os ramos em que se dividem e subdividem as sciencias suas alliadas. Á sombra d'uma bem regulada instrucção véem-se nascer e desinvolver admiraveis e importantes industrias, muitas d'ellas por nossos paes ignoradas, da mesma maneira que nascem e se multiplicam vigorosas plantas em terreno fertil e devidamente agricultado.

Homens eminentes, filhos esclarecidos da nossa classe, honram as suas nações, distinguindo-se no meio d'aquelles que maior ecco têm dado no mundo scientifico. Se Portugal tivesse ministros menos *politicos* e de mais amor e dedicação pelo ensino; se Portugal tivesse tido corpos legislativos, capazes de por sua illustração e saber levantar a instrucção publica d'este paiz, collocando-a ao lado do que vemos no extrangeiro, — parece-nos, não o duvidamos, que a pharmacia portugueza seria contemplada nessa serie de reformas reclamadas ha longo tempo, em virtude de imperiosas e palpitantes necessidades. Praza a Deus que em breve surja o dia em que a luz da sciencia como a do sol seja manancial de felicidades para esta patria, onde não faltam *vultos politicos,* mas em que pouco abundam os reformadores das sciencias. A pharmacia e seus progressos, os seus homens notaveis e os seus estudos serão então conhecidos e julgados em Portugal por todos aquelles que, occupando os primeiros logares da republica, nenhuma attenção prestam agora aos serviços já tantas vezes demonstrados nos congressos scientificos. Quando pois chegarmos a melhor estado de progresso scientifico, a pharmacia será necessariamente entre nós o que poderia e já devia ser actualmente. Desnecessario se torna o percorrer as paginas da historia a fim de mostrarmos quaes as esplendidas descobertas devidas ao estudo aturado de sabios e modestos pharmaceuticos.

A historia antiga e moderna registra os nomes de preclaros varões, filhos da classe pharmaceutica, que se distinguiram assignaladamente entre os que mais têm concorrido para o desinvolvimento intellectual.

Escusado é fallar neste logar dos fins e utilidade da pharmacia: e tanto mais desnecessario se torna, por isso que escrevemos para a classe que bem sabe julgar do merito d'esta sciencia e apreciar o valor de seus serviços. O trabalho d'esta classe, sempre modesto e talvez em demasia, contribue como poucos para o desinvolvimento dos mais assignalados progressos sociaes, tendo por fim principal o bem da humanidade.

No centro d'esse amplissimo recinto, onde se resolvem milhares de problemas da vida social, a pharmacia e seus obreiros continuam sempre e sem descanço na descoberta de substancias, d'onde surjam novas combinações e compostos capazes de restaurar a saude perdida, fonte principal da verdadeira riqueza dos povos. Ella, com o seu caracter particular, forçada sempre a permanentes e obrigatorias investigações, com todas as ligações com outros ramos das sciencias naturaes, póde e deve julgar-se como estudo sério e fecundo e manancial de uteis applicações scientificas, artisticas e industriaes. Grande seria este quadro, se tivessemos de olhar a nossa sciencia pelo lado do seu reconhecido influxo em outros ramos do saber humano. Deixamos porém tantas das considerações a que se presta e com que se enlaça este assumpto, digno por certo de largo desinvolvimento.

Se o ensino da pharmacia em Portugal tivesse tido organisação propria e condigna; se não fosse o seu estudo, como agora mesmo, simples e completa phantasmagoria, não se deve duvidar de que poderiamos hombrear com as demais nações, orgulhosas de possuirem vultos respeitaveis instruidos com o auxilio dos laboratorios pharmaceuticos. A natureza não foi prodiga de talentos sómente para as nações onde mais brilha a cultura intellectual; assim como derramou por toda a parte o ar, a luz e mais elementos de vida, da mesma maneira concedeu que o genio podesse desabrochar em qualquer ponto da terra. Neste particular não temos de que nos queixar, nós os portuguezes, que para o tracto das sciencias e artes não foi comnosco avara a natureza. Assim os poderes do estado dispensassem maiores e mais acertados cuidados pela instrucção! Se a tivessemos, registraria a pharmacia portugueza tantos nomes respeitaveis, como são os que hoje ennobrecem outras nações.

Quem não conhece os trabalhos de Vauquelin sobre os methodos de analyse, e os de Beaumé, o fundador da areometria? — Os de Marggraf na importantissima industria do assucar, os de Lefevre e Lemery na preparação do acido sulphurico? — Quem não vê ainda quanto a photographia deve a Balard e a Courtois? — Quem não repara em Scheele, notavel por tantos titulos? — Podem olvidar-se nunca os nomes de Labarraque e Balard ao tentarmos conhecer a historia dos corpos descolorantes? — Não são bem conhecidos os trabalhos que se devem a Pelletier, Cavantou, Robiquet, Chevreul e Persoz, de que a industria tinctoria tanta utilidade tem tirado? — Não foram Chevreul, Braconnot, Bussy, Le-Canu e outros que mais perfeitas tornaram as industrias dos sabões, das velas de stearina e de varios corpos graixos?

Parmantier brilhou pelos seus estudos relativos a panificação; e Derosne quantos apparelhos e processos deu a conhecer, tendentes todos a melhorar a distillação dos alcohoes? — Ao continuar ainda esta extensa lista, não havemos de descobrir Balard e a sua industria nova dos saes marinhos? — Não foi Klarproth quem descobriu o titano, urano e telurio? — Não foi Vauquelin que nos mostrou o chromio e Wochier o aluminio? Uma boa parte dos corpos simples, agora conhecidos, não foram estudados e descobertos por pharmaceuticos notaveis? — Millon, o que fez do chloro e que vantajosas applicações lhe não deu? — Não foram Sertunier, Pelletier, Cavantou e outros ainda dos primeiros obreiros no estudo das bases organicas? — Liebig, Dumas, Carbonell, Pelouze e uma

grande parte dos chimicos mais distinctos de França, Allemanha, Hespanha e Inglaterra, não são filhos dignissimos
e muito illustrados da classe pharmaceutica? — Fecunda
como nenhuma outra, tem ella sido em homens distinctos:
a chimica vegetal e mineral, a physica, a zoologia, a
botanica e tantas outras sciencias têm recebido de seus
filhos mais esclarecidos importantissimos auxilios.

É difficil reter na memoria tantos serviços notaveis como
são aquelles que se devem a sabios pharmaceuticos, embora nos reportemos unica e sómente ao nosso seculo.
Mal póde um só espirito abraçar e reter essa serie de
longos e immensos serviços devidos particularmente a
uma classe benemerita, que, bem se póde dizer, — tem
por divisa o trabalho e por bandeira o estudo!

Nas paginas de tantos livros, como são os de Chevallier,
Boullay, Bouringny, Serullas, Virey, Cadet, Tromsdorf, Du-
pasquier, Filhol, Bañares, Carbonell, Liebig, Soubeiran,
Dourvoult e Fors, podemos colher lição de superior ensino
e de acrisolado amor pelo estudo. Os progressos diarios
das sciencias medicas vão augmentando salientemente,
tendo por causa quasi primaria o mais exacto conhecimento dos corpos naturaes de uso pharmacologico. Quanto
mais o estudo d'estes corpos se vai derramando, tanto
mais a therapeutica se enriquece e ao mesmo tempo simplifica, e por fórma mais racional e methodica. A phar-

macia vai por si auxiliando estes meios de progresso scientifico, devendo-se a ella, não só a melhoria dos methodos na preparação dos medicamentos, mas ainda milhares de descobertas de novos e uteis agentes pharmacologicos, descriptos a miudo em publicações notaveis, que augmentam de dia para dia em nossas estantes. Em publicações jornalisticas e em trabalhos de outra ordem apparecem diariamente os serviços importantes com que os pharmaceuticos vão ampliando as sciencias.

As obras de Henry e Guibourt, as de Fée, Cap, Le-Canu, Dorvault, Castillo, Hermann Hager, Casaña y Leonardo, Hernandes de Gergorio, Virey, Jimenez, Plans, Texidor, Gabriel de la Puerta, Brunet, Honzeau Muion, Creteur, Mallo, Mallaina y Gomes, Reveil e outros, que fastidioso seria mencionar, attestam evidentemente a profundissima verdade de nossas asserções.

Deixemos porém estas vagas noticias para seguirmos, conforme podérmos, o caminho que nos propozemos trilhar.

II

No anno de 1859 publicou o sr. Cordeiro a primeira edição da sua obra, a que deu o nome de *Elementos de Pharmacia Theorica e Pratica*.

Antes mesmo de verificar-se tal publicação, alguns jornaes noticiaram este trabalho, fazendo sentir e commentando então a falta palpavel de obras d'esta natureza destinadas ao ensino.

Este facto animou o seu auctor, resolvendo-o a ultimar o seu pensamento, dando a publico o livro ou livros que não são desconhecidos da nossa classe. E não foi em verdade a mira de interesses que animou a tanto o esclarecido pharmaceutico; todos sabem os sacrificios enormes a que se sujeita quem se anima, por amor da sciencia, a escrever e publicar livros relativos a sciencias naturaes. Outros fins o animaram, e bem nobres e honrosos são elles, — o reconhecimento evidente da necessidade d'um livro de ensino para os alumnos de pharmacia. O apparecimento da obra deu motivo a que a imprensa professional festejasse o auctor, digno por certo de toda a consideração, e já então conhecido por importantes publicações em jornaes scientificos do paiz, e além d'isso por sua posição official, como director, pratico de uma das primeiras officinas de pharmacia do reino.

Mais tarde, tres illustradissimos escriptores da peninsula iberica e historiadores da pharmacia testemunharam ao sr. Xavier Cordeiro o merecimento de seus trabalhos, encarecendo-lhe o valor e avultando-lhe a importancia. Os srs. P. J. da Silva, D. Quintin Chiarlone e D. Carlos Mallaina y Gomes deram em suas importantes obras noticias mui honrosas para o auctor dos *Elementos de Pharmacia*.

Merece todavia particular menção o estudo ou juizo critico da commissão de pharmacia da Sociedade Pharmaceutica Lusitana, apresentado a esta benemerita corporação no anno de 1860 pelos srs. Pedro Ferreira Norberto, José Mendes Assumpção e Pedro da Silva. Este trabalho, tão scientifico como consciencioso, dá conta das mais importantes partes e doutrinas da obra do sr. Xavier Cordeiro, concedendo-lhe as honras de livro classico, e prestando ao mesmo tempo homenagem á intelligencia elevada e culta que o dictou.

Não póde nem deve ser nosso intento fallar agora da' primeira edição da obra do sr. Cordeiro: desnecessaria e tardia seria toda e qualquer noticia neste sentido, e tanto mais, quando outros, e bem mais competentes do que nós, desempenharam já dignamente a sua tarefa.

Occupando-nos pois da ultima edição, principiaremos por notar as differenças mais salientes e capitaes que se dão no recente trabalho que estudamos. Mas, antes de tudo, julgamos melhor deixar fallar por nós o seu auctor, que nos diz nas primeiras paginas do seu livro o bastante para se extremar a *primeira* da ultima publicação.

«Fazendo as correcções, alterações e addições que o correr do tempo me aconselhou, tive tambem em vista tornar o meu livro mais accessivel, pondo-o assim ao alcance do maior numero; e, por isso, reuni num só volume o que enchia dois. Já se vê pois, que, apezar da differença de typo, me foi mister fazer algumas suppressões e córtes em materias que se me afiguraram de secundaria importancia. Com effeito, que utilidade teria hoje o esboço historico da pharmacia, inserido na primeira edição, depois da publicação do magnifico trabalho do sr. Pedro José da Silva sobre o assumnto? De que aproveitariam os principios de nomenclatura chimica, quando são obrigados por lei a estudar mais desenvolvidamente esta materia na introducção á historia natural dos tres reinos? Que utilidade real resultaria da conservação do que eu chamava cuidados praticos, quando é certo que taes conselhos são completamente inuteis para a maioria dos que, a braços com a desanimação sempre crescente, nenhuma vontade têm de se entregar ás minuciosidades, aliás uteis, da ordem das que naquelles artigos se recommendavam?»

«Finalmente, que vantagem para o exercicio regular da pharmacia resultaria da descripção minuciosa de processos de preparações de substancias que nunca o pharmaceutico prepara, taes como os acidos mineraes e organicos, os alkalis, os saes, os alkaloides, etc. etc.? Portanto, resumindo do modo que me pareceu mais util, visei só ao fim de coordenar um livro puramente pratico, e util aos pharmaceuticos, aos alumnos, e a muitos que exercem a medicina em menor grau.»

«Foi-me egualmente forçoso empenho de illustrar a minha obra com as estampas necessarias para melhor conhecimento dos diversos apparelhos descriptos, e principalmente do novo condensador discolar; porém era de todo o ponto difficil tal reproducção em estampas que servissem para o fim, nitidas, perfeitas ou proximamente taes como se vêem nos livros publicados nos outros paizes. Conservei a mesma distribuição das materias, com quanto fosse intenção minha dar-lhes nova fórma; faltava-me porém o

tempo para um tal commettimento, sem que isso impor-
tasse um melhoramento indispensavel ou completo para
o estudo e pratica da pharmacia. Similhantemente nada
innovei em nomenclatura, acatando a que ainda é official;
e neste ponto conservo as idéas que expendi na primeira
edição; o *desideratum* de rigorismo e precisão, a que se
chegou na nomenclatura da chimica inorganica, é impos-
sivel em pharmacia; e um nome novo, deducção de um
systema forçado e artificioso, de difficil pronuncia e escri-
pta, vale bem menos que um nome antigo, ainda mesmo
empyrico, consagrado pelo uso, e que por isso não póde
induzir a erro. É esta a opinião quasi geral, e é assim
que vemos em obras classicas no genero, taes como o
Codex Medicamentarius, francez, edição de 1866, usar-se
ainda da nomenclatura antiga, com pequenas alterações.
Não obstante, inscrevemos adiante o vocabulario da nova
nomenclatura pharmaceutica, do nosso já citado, esclarecido e incansavel collega, o sr. Pedro José da Silva, que
no seu genero é um trabalho perfeito, philosophico e
digno de sério estudo.»

Principia o sr. Xavier Cordeiro por definir o que é a
pharmacia, demonstrando quaes os seus fins principaes e
evidenciando por fórma clara e precisa os limites que a
circumscrevem. Aponta algumas das sciencias que se ligam
ao seu estudo, fazendo sentir quanta necessidade temos

2

de cultivar variados ramos de sciencias naturaes, que são, por assim dizer, elementos vitaes e constitutivos de ensino pharmaceutico.

Faz resaltar, e com justificado motivo, a palpavel e precisa alliança que devemos pedir a outras sciencias, como são — a botanica, a zoologia, a mineralogia, e mais que todas á chimica, sciencia auxiliar de tantas outras. Vem ainda recommendar que se não olvide a historia natural medica, e assim indica parte da grande serie de conhecimentos que abrange essa sciencia, de que pouco caso se faz e que denominam — pharmacia. A falta de escholas proprias sem nenhuma organisação systematica de ensino, a raridade de livros professionaes, obriga a mendigar a instrucção alheia, bebendo nós, e não raras vezes, doutrinas eivadas de erro, idéas vagas e complexas, mal ordenadas e sem methodo, pouco ou nada em harmonia com a indole propria de nossos estudos.

Vamos pois passando vida menos propria e atrophiada, até que chegue o dia da nossa emancipação e autonomia, e com elle a independencia completa de nossos estudos.

Oxalá que o sr. Cordeiro podesse dizer: — a pharmacia está organisada e constituida em Portugal; ella forma um corpo compacto de doutrinas, onde se estudam regularmente a pharmacia chimico-organica e inorganica, a pharmacologia natural, phytologia e zoologia pharmaceuticas, etc. etc. A não ser d'esta fórma, destruimos a ordem e indole methodica dos nossos estudos, obrigando professores e alumnos a innumeras repetições de materias, impossibilitando toda e qualquer unidade de doutrina, que vai de encontro a uma pura e sã philosophia.

Se os alumnos não encontrarem, desde os seus primeiros passos até final da sua carreira scientifica, graduação progressiva em seus estudos; se não virem ou apalparem o principio e limites das materias que lhes são proprias, sem todavia excluirem as mutuas relações que devem conservar com outras sciencias, porque todas nos guiam e conduzem ao descobrimento da verdade, e formam conseguintemente os elementos de uma mesma, a pharmacia não poderá considerar-se verdadeira sciencia independente, alimentando vida propria, sua, e unicamente sua.

Quando chegará este dia ninguem o póde dizer.

O sr. Cordeiro divide a pharmacia em duas partes, seguindo por tanto a opinião geralmente adoptada pelos mais esclarecidos e notaveis pharmaceuticos. Servindo-nos das suas proprias palavras, com elle diremos: — a pharmacia, como todas as sciencias experimentaes, tem em mutua dependencia a sua parte pratica e theorica; ambas se prestam mutuo e salutar auxilio; nem podem florescer uma sem a outra. Dá idéas bem claras do que são substancias medicinaes ou materiaes pharmaceuticas, estabelecendo logo as differenças d'estas a medicamentos, assim propriamente chamados. Quer, com razão, que estes se dividam ê subdividam em chimicos e galenicos, em simples e compostos, em officinaes e magistraes, etc. etc.

Estas differentes separações, sanccionadas pela pratica e adoptadas geralmente, são dispostas e bem demonstradas pelo illustrado pharmaceutico. Consoante a preparação dos medicamentos, fundamenta precisamente as differenças que se dão entre os medicamentos com excipiente e sem elle.

Os corpos excipiadores são distribuidos por classes, e estas referem-se sempre ás modificações que a natureza do liquido póde exercer em contacto com os demais elementos constitutivos do medicamento.

Abundamos nas idéas do sr. Xavier Cordeiro, sobre a divisão que ainda faz dos medicamentos compostos, que podem ser constituidos com a base, adjuvante, correctivo e excipiente; mas, se tivessemos neste particular de emittir francamente a nossa opinião, seria ella no sentido de eliminar d'uma vez taes definições, por desnecessarias e mesmo inconvenientes, porque só servem para complicar os nossos estudos, ligando-os a outros que jámais se podem reputar dos dominios da pharmacia. Como, em formulas simples ou compostas, discriminar o sentido e causa de taes separações sem previos conhecimentos pharmacologicos?

Esta sciencia, ligada como está aos estudos medicos, só nelles deve ter cabimento; nos dominios pharmaceuticos ficaria deslocado o estudo e acção dos medicamentos na economia animal.

A pharmacia nunca deve perder de vista os fins a que se dirige : conhecer quaes são os materiaes pharmaceuticos, olhar cuidadosamente pela conservação d'estes e dos medicamentos, regulando e descobrindo a melhor preparação de todos os compostos medicinaes. Só nisto ha campo extenso para largas explorações, e terreno em pousio que se póde desbravar com proveito. Repetimos : gastar tempo precioso com o estudo da acção therapeutica dos medicamentos antolha-se-nos de fraca utilidade para o pharmaceutico ; antes nos parece inconveniente desvial-o das suas principaes applicações, para se occupar de materias que são de exclusiva competencia do medico.

Passamos rapidamente algumas paginas consagradas pelo auctor á descripção de utensilios pharmaceuticos, pesos e medidas, preparações de lutos e varias tabellas areometricas e thermometricas, para entrarmos nas materias importantes, principiadas a desinvolver na pagina 31 do livro que occupa a nossa attenção.

III

O sr. Xavier Cordeiro, antes de nos principiar a mostrar
os multiplicados meios de que nos podemos servir para a
melhor preparação dos medicamentos, faz notar as regras
que temos a empregar a fim de colhermos e escolhermos
os individuos vegetaes, descrevendo algumas das suas
partes e definindo um por um os orgãos das plantas. Mere-
ceram-lhe todavia, e com duplicado motivo, preceitos e
regras particulares as importantes materias da exsicação
e conservação das substancias medicinaes do reino vegetal,
particularmente as indigenas. Dando larga extensão ao
estudo d'esta parte importantissima da pharmacia, teve
naturalmente em vista o facto, que se dá, de ser o reino
vegetal aquelle que maior numero nos fornece de materiaes pharmaceuticos, muito em desproporção com os que
procedem do reino animal e mesmo mineral, que são

em numero muito mais limitado. As judiciosas considerações do auctor, desinvolvidas e escriptas com a clareza que se distingue em todos os seus trabalhos, mostram evidentemente a importancia que dá a um dos ramos do nosso ensino e estudo — a pharmacologia-natural. A colheita, escolha, seccura, guarda e conservação dos materiaes pharmaceuticos são operações dos dominios da pharmacia; dão, por assim dizer, principio a essa serie longa de trabalhos, investigações e cuidados scientificos, que tornam a carreira pharmaceutica laboriosissima, cheia de responsabilidades de toda a ordem, de cuidados de toda a especie. Os milhares de productos naturaes, organicos ou inorganicos, dotados de virtudes medicinaes, não devem colher-se materialmente: pelo contrario, para os obtermos convenientemente, precisamos dos conhecimentos previos de algumas sciencias, sem o que principiará a revelar-se a ignorancia do operador, que bem póde lançar mão de um producto inerte, julgando ter diante de si uma substancia rica de certos e determinados principios medicamentosos.

Todas as vezes que a substancia medicinal não represente uma certa composição natural, a que mais ou menos devemos olhar e attender, o medicamento terá de resentir-se de faltas notaveis, que poderiam ter-se evitado ao sermos guiados e conduzidos pelos principios e regras das sciencias. É geralmente sabido que os corpos de origem inorganica são os mesmos sempre, em toda a parte e em todas as epochas da sua formação; não assim as substancias organicas, que offerecem infinitas variedades na sua composição, consoante as circumstancias em que achamos os individuos que as fornecem. Nestes principios assentam os mais notaveis escriptores pharmaceuticos; e por isso as substancias medicinaes organicas, e principalmente as vegetaes, têm chamado mais particularmente os seus cuidados e attenções. Soffrem ellas, debaixo da influencia dos agentes athmosphericos, alterações profundissimas em sua primitiva constituição,— alterações de tal ordem, que muitas vezes vemos crear-lhes qualidades e principios novos, inoffensivos umas vezes, outras vezes então nocivos e pouco convenientes para os variados usos a que os queremos destinar. Devem evitar-se muito as alterações para podermos contar com as propriedades caracteristicas do estado natural. Esta circumstancia, sempre de grande valor, torna-se do maior interesse quando se tracta de corpos que destinamos para a preparação de medicamentos. Muitas e variadas causas podem produzir modificações mais ou menos profundas na composição elementar das substancias organicas, indicadas por pharmacologos eminentes. Assim notaremos que muitas ou todas as especies vegetaes e animaes estão sujeitas a ser influenciadas mais ou menos por circumstancias variaveis, como são a edade, o estado de saude ou de enfermidade, a cultura, o terreno, o clima, a luz, etc., que modificam a composição e propriedade das plantas; assim como a mesma edade, o estado de liberdade ou de prisão, a castração, alimentação e hybridação, etc., influem salientemente nas qualidades dos animaes. Em regra geral, a composição natural e primitiva dos corpos organicos vegetaes têm de buscar-se naquelles que encontramos em perfeito estado de saude, em edade adulta, vivendo espontanea e livremente, em seu terreno natural, rodeados de condições de humidade, calor e luz, motores indispensaveis para um bom crescimento e regular desinvolvimento. Se examinarmos o que dizem os auctores sobre estes assumptos, havemos de ver motivos de discordancia entre muitos pontos, ainda agora problematicos, apezar de todos os progressos da chimica-organica.

A epocha dada, em que devemos recolher os vegetaes ou algumas de suas partes, como as raizes, flores, folhas e fructos, — a influencia que em sua composição, propriedades, e mesmo conservação, póde ter a temperatura, a humidade, a luz solar, e até as phases da lua no momento da colheita, — tudo isto se discute e commenta de differentes modos; e não poucas vezes divergem as opiniões ou se defendem com fundamentos oppostos. Este facto, que se dá, prova claramente que esta parte da sciencia pharmacologica não chegou ainda a adquirir o grau de perfeição a que chegará sem duvida depois de multiplicadas investigações, as quaes ninguem melhor do que o pharmaceutico poderá realisar. Na seccura mais favoravel das substancias organicas, tanto animaes como vegetaes, importa conhecer de antemão algumas das qualidades e particularidades d'estes corpos. É necessario reparar e bem quanto o calor demasiado ou humidade abundante podem influir em todos os principios constitutivos d'elles, que precisamos e devemos reter. Na verdade, os methodos para a exsicação de substancias, principalmente vegetaes, determinaram a invenção de apparelhos mais ou menos ingenhosos, destinados a este fim, já para regular uma temperatura ordinaria, já outra superior: todavia estamos ainda longe de chegar ao supremo grau de aperfeiçoamento. Quer seja no vasio, quer em atmospheras communs ou mesmo artificiaes, ou seja ainda em recintos fechados, ou então sob o influxo de grandes correntes de ar, mais ou menos secco ou mais ou menos humido, que tenhamos de lançar mão dos corpos ávidos de agua, não podemos cathegoricamente e com a mão na consciencia vir dizer: — sabemos definitivamente o que se passa; um ou qualquer d'estes meios convém mais do que outro para determinadas especies vegetaes.

Na colheita dos vegetaes podem guiar-nos regras e principios já sanccionados pela pratica, que importa talvez ter em vista.

Dizem: as raizes vivazes, aquaticas, fibrosas, carnosas mucilaginosas e as aromaticas, têm todas epocha indicada, mas variavel, de recolhimento; têm-na egualmente as cascas dos vegetaes arboreos, quando lhes abunda a seiva descendente ou ascendente, e ella mesma auxilia a separação do alburno e lenho; as hervas colhem-se umas na adolescencia, outras na juventude, e até mesmo algumas na sua velhice, consoante os seus principios mais predominantes, aromaticos, salinos ou mucilaginosos; as folhas antes da inflorescencia, outras após o nascimento do caule; os fructos quando mais ou menos maduros; emfim, as sementes ao estarem bem desinvolvidas. Em todos os meios indicados para a perfeita exsicação das substancias vegetaes, mira-se particularmente aos elementos que podem abundar mais ou menos em sua composição, aos liquidos naturaes, á presença de principios volateis já formados ou por formar, e assim a outros corpos, taes como materias colorantes, feculentas, acidos, saes, alkaloides e assucar. A estabilidade d'estes e outros principios, que, sabemos de antemão, formam parte integrante da substancia, são ordinariamente os que precisamos reter e occasionam todos os nossos cuidados. Os varios meios a seguir para chegarmos a estes resultados falham a miudo, sem podermos em rigor e por muitas vezes explicar as metamorphoses que se passam, em virtude de reacções chimicas mal estudadas e complicadissimas, sempre alimentadas pela acção constante do ar e oxygenio.

A que se deve o abundante desinvolvimento de corpos mucilaginosos e gelatinosos? O que faz coagular a albumina? Os fructos doces não perdem pela exsicação grande parte dos seus principios saccarinos?

Muitos d'estes phenomenos, que mal se explicam, serão esclarecidos principalmente pela chimica, quando multiplicada serie de investigações se opérem no sentido de aclarar as sombras escuras, que por ora se apresentam, mas que tendem a desapparecer em vista dos progressos das sciencias. Se a escolha, guarda e conservação dos corpos vegetaes merecem detida observação da parte do pharmaceutico illustrado, não menos attenção terá de prestar aos varios meios de colheita e exsicação, operações ambas delicadissimas, que tem de executar e dirigir por meios differentes, conforme a especie vegetal e cada uma de suas partes de que pretende tirar partido.

Se durante a vida vegetal se dão reacções chimicas importantissimas, pela colheita e exsicação, outras, embora differentes, se passam, e, diga-se a verdade, ainda mal conhecidas estudadas. Quem reparar nas primeiras julgará quanto a fórma de exsicação ou maneira de colheita póde influir na composição variavel dos seres vegetaes. Dão-se phenomenos, que são de facto bem deseguaes, todavia seguramente indicativos das muitas composições e decomposições que se devem produzir, conforme a maneira de seguir e praticar esta ordem de trabalhos.

Em todo o decorrer da vida vegetal, extraordinarias metamorphoses se manifestam, assim na infancia das plantas, como nas suas edades desiguaes; nasce d'aqui a necessidade de variar os meios de colheita, sempre que as destinamos a usos medicinaes, tendo em vista um ou mais dos seus principios naturaes creados durante a epocha de todo o seu viver.

Agentes externos, actuando constantemente nas formações vegetaes, imprimem-lhes qualidades e formas particulares. Tres elementos gazosos e incolores como o ar, combinando-se em desiguaes proporções com um corpo solido, dão por si productos durissimos como a madeira, alguns doces como o assucar, venenosos como o opio, alimenticios como o gluten, aromaticos como a essencia da violeta. Se firmarmos a vista no que se passa durante a germinação das sementes, observaremos que, ao entrar o gluten em putrefacção, se transforma a fecula em dextrina e depois em glycose. O assucar produzido na germinação a expensas da fecula pela acção da diastase desapparece

com a simultanea producção da celulosa. A canna do assucar, e quasi todas as plantas saccarinas, pouco assucar
contêm durante o periodo de florescencia e fructificação.
A batata tem menos amido ao passo que vai endurecendo.

Os receptaculos da alcachofra, feculentos e carnosos antes
da florescencia, apresentam-se seccos e lenhosos depois
d'ella. Os aspargos contêm assucar em grande abundancia
quando estão no seio da terra, pois a presença da luz e
outros elementos decompõem-lhes em parte este corpo.

Na adolescencia do sagú, e em algumas das suas partes
mais tenras, encontramos o assucar, que se perde pela
edade adulta em que nos apparece amido abundantemente;
e, mal chega a velhice, nenhum d'estes corpos existe,
perdendo-se ambos com o caminhar da vida vegetal. As
borragens, abundantes em azotato de potassa no periodo
da edade adulta e velhice, não contêm este sal na infancia
nem mesmo na juventude. A banana perde o tanino e
amido que tem, quando o fructo chega a completar a sua
maturação.

O malvaisco não tem aspargina na velhice e decrepitude.
A quassina, que abunda tanto na decrepitude da simarruba,
mal se descobre na sua juventude e edade adulta. O tanino,
em tanta quantidade nos fructos verdes, perde-se em parte
ao passo que se desinvolve a polpa assucarada. Na maturação d'elles dão-se reacções chimicas variadissimas, que

não vem para aqui mencionar: basta saber-se que a proporção de materias solidas e soluveis vai augmentando sempre, ao passo que a maturação se adianta, diminuindo as insoluveis, pelo que se deduz que aquellas se formam a expensas d'estas.

Os fructos duros e compactos, acerbos e azedos quando verdes, transformam-se completamente adquirindo branda consistencia e gosto assucarado quando maduros, desinvolvendo outros corpos, como são o assucar, pectina, etheres, acidos, etc. etc.

Estas e muitas outras considerações, que poderiamos adduzir, justificam os motivos e razões por que o sr. Cordeiro e com elle auctores illustradissimos de tractados de pharmacia, entendem dever apresentar em suas obras noções mais ou menos desinvolvidas d'estas materias, que não podemos reputar deslocadas, pela altissima importancia que tem a dar-lhes o pharmaceutico.

IV

Um corpo natural dotado da faculdade de obrar salutarmente na economia animal, ao darem-se estados morbidos variaveis — denomina-se substancia medicinal, material pharmaceutico, substancia bruta medicinal, corpo natural medicamentoso, seja qual fôr a sua filiação, assim vegetal, animal ou mineral. Quando os corpos, nestas dadas condições, estudados previamente pelo pharmacologo, e, pela sua mão affeiçoados, chegam a um estado proprio de poderem applicar-se externa ou internamente como medicamentos, tomam esta denominação. Os medicamentos por esta fórma julgados têm sido divididos, em distinctas epochas e por varios auctores, em exoticos e indigenas, externos e internos, chronysoicos e achronysoicos, chimicos e galenicos, simples e compostos, monyamicos e polyamicos, monopharmacos e polypharmacos, magistraes e officinaes,

8

Podem os medicamentos dimanar de milhares de especies pharmacologicas, podem estas por suas condições organicas sujeitar-se a operações numerosissimas, podem os medicamentos, qualquer que seja sua composição, unirem-se uns com outros, dando-se misturas sómente, outras vezes então combinações parciaes mui limitadas ou completas. Considerando, pois, os multiplicados meios de preparação e composição dos medicamentos, poderemos bem julgar quanto melindrosa e difficil se apresenta a idéa, aliás utilissima e indispensavel, do seu agrupamento, assente e bem firme, como deve ser, em principios scientificos. A ordem e o methodo nas sciencias têm a sua influencia salutar; são elementos organisadores que tendem sempre a uniformisar os estudos, imprimindo-lhes o seu caracter scientifico e proprio, dando-lhes luz, renascimento e vida. As fórmas e meios differentes, por que os medicamentos têm sido divididos, são vias mais ou menos latitudinarias, outras vezes mais ou menos circumscriptas, de que se têm valido esclarecidos escriptores com o fim de methodisar regularmente uma ampla serie de compostos vindos de procedencias dissimilhantes, com usos variadissimos, de composições ora definidas, ora desconhecidas, e notavelmente sujeitas em sua grande parte a composições e decomposições sempre tão variaveis como extraordinarias. Se para a melhor distribuição dos medicamentos em grupos tanto se tem trabalhado, nada admira pois que, para as operações pharmaceuticas, que são as modificadoras do corpo natural pharmacologico e meio da formação medicamentosa, se tenha fundado a indispensavel harmonia, tendente a regularisar o seu estudo, distribuindo e uniformisando assim esta parte importantissima da pharmacia pratica.

As operações pharmaceuticas, origem preparatoria e primaria do medicamento, são numerosissimas; extendem-se a muitos corpos, executam-se por processos distinctos, alguns de facil realisação, outros, pelo contrario, dignos de estudos profundos e trabalhos aturados, por certo dignos e muito da mais séria e grave meditação.

D. Francisco Carbonell y Bravo foi o primeiro pharmaceutico que tractou de coordenar os medicamentos sobre alicerces scientificos e philosophicos, que ainda agora merecem bem ter-se presentes. Os seus *Elementos de Pharmacia,* publicados em latim no anno de 1796, são o seu primeiro padrão de gloria e prova clara e segura de seu avantajado talento. Nesta obra, verdadeira maravilha do seu tempo, e nas variadas edições hespanholas de 1802, 1805 e 1824, notaremos já a sua celebre classificação das operações pharmaceuticas, hoje mais ou menos modificadas por um ou outro auctor, porém apparecendo sempre em seu fundo o genio fecundo e creador de Carbonell y Bravo.

Os *Elementos de Pharmacia,* traduzidos, como foram, em francez, italiano, allemão e inglez, serviram e servem de guia a robustissimos talentos, que não têm duvidado de acceitar e esposar, como suas, muitas das doutrinas de Carbonell, vulto grandioso na sciencia, e que a sua patria perdeu quando decorria o anno de 1837, no dia 15 de novembro, depois de derramar pelo mundo torrentes de luz suave e fecundissima. Foi Carbonell e só elle, com toda a verdade da historia e da critica, quem, primeiro que ninguem e depois de maduro exame, determinou a linha exacta, que devia separar a materia pharmaceutica da sciencia que se occupa da preparação dos medicamentos, estabelecendo com rigor e firmeza as bases da pharmacia scientifica. Não venha Gay de Montpellier tentar sombrear-lhe o brilho, não queira com utopias ridiculas chamar para si gloria que a outrem pertence; Carbonell, contra a vontade de todas as vulgaridades *chatas* ou *nigromantes* impertinentes, foi e será sempre e para sempre o primeiro creador da pharmacia philosophica. Considerou elle que para transformar as substancias medicinaes em medicamentos se deviam separar as suas partes integrantes, exular algumas das constituintes, misturar umas com outras, combinar entre si elementos de natureza e composição dissimilhantes.

Com este pensamento brilhante deduziu que a divisão,

extracção, mistura e combinação deviam ser os quatro
methodos geraes tendentes a limitar e agrupar as operações pharmaceuticas. De harmonia em tudo com as suas
doutrinas, tão sabiamente expostas e desinvolvidas, dis-
tribuiu os medicamentos em outros tantos grupos, que de-
nominou — *divisos* — *extrahidos* — *mixtos* — *combinados*.
No grupo da divisão collocou a granulação, a limação, rasura,
trituração, pulverisação e lixiviação; na extracção a infusão,
decocção, espressão, clarificação, decantação, filtração, tor-
refacção, lixiviação, effervescencia, precipitação, crystalli-
sação, vaporisação, evaporação e calcinação; na mistão ou
mistura a desaggregação ou solução; e na combinação a dissolução, oxygenação, fermentação, etc.

O sr. Xavier Cordeiro ainda se serve, e mui convenientemente, das idéas de Carbonell, quando divide as
operações pharmaceuticas em quatro classes geraes —
divisão, extracção, mistura e combinação, agrupando assim os meios differentes que temos para a realisação das
formações medicamentosas. Não segue, é verdade, a mesma
ordem nos agrupamentos, evitando d'este modo os erros
claros e patentes da divisão feita por Carbonell, erros
todavia bem justificaveis, se repararmos que este sabio
escreveu em epochas afastadas e quando a physica e
a chimica principiavam a derramar os seus mais esplen-
dorosos raios de luz, que devia illuminar muitos dos

ramos d'outras sciencias, escondidos ainda nas trevas da ignorancia. Carbonell, sem poder infelizmente servir-se, em sua classificação, das fecundas descobertas que principiavam a esclarecer as mais transcendentaes questões da chimica e pharmacia, limitou-se a classificar as operações, mais que os productos, defeito enorme, mas bem desculpavel, e que não se daria por certo se escrevesse alguns annos depois.

Decorridos largos annos após a morte sentida de Carbonell, seguiram-se os trabalhos de Chereau, a sua nova classificação dos medicamentos baseada na composição d'estes, e trabalho de valor scientifico, não limpo de grandes erros e defeitos, todavia digno de mencionar-se com louvor. Depois, Henry e Guibourt, valendo-se dos passos mal firmes de Carbonell e das idéas vacillantes de Chereau, apresentaram a sua classificação, em que bem se poderá notar que nada mais fizeram do que ampliar, e mal, as doutrinas d'ambos, classificando os medicamentos considerando principalmente os methodos operatorios, formando uma distribuição em tudo muito egual e analoga á de Carbonell, e pedindo auxilio a Chereau, quando este systematicamente distribue os excipientes, e considera o seu modo actuante sobre a substancia destinada a formar os compostos medicinaes.

Mais modernamente Beral, Fors, Brunet, Soubeiran, Albano, Choulette, Ladry e Deschamps têm, mais ou menos, desinvolvido e creado doutrinas suas, umas vezes acertadas, outras vezes inadmissiveis, tanto em classificação de medicamentos como em sua nomenclatura. Temos com o cunho de nacionalidade um trabalho valioso neste genero, devido a um fecundo e brilhante talento que possue a nossa classe. Queremos sómente não olvidar aqui a recente publicação que se deve ao sr. Pedro da Silva, nova nomenclatura pharmaceutica e classificação methodica dos medicamentos, obra de larga lição, em que muito temos que aproveitar por ser um estudo profundo e sério, para nós o primeiro e mais philosophico de que temos noticia. As classificações desinvolvidas por seu auctor, as allianças similhantes e proprias que faz, a propriedade com que agrupa e denomina os corpos classificados, valendo-se, sempre que póde, não só d'um, mas tambem de todos os elementos organisadores do medicamento, a linguagem ou termos accommodados e significativos que emprega, parece-nos por tudo isto trabalho primoroso e digno de propagação, de certo opportuna agora que se tracta de publicação, tão necessaria como importante, da nova pharmacopeia legal.

O auctor segue quasi, talvez por necessidade, a classificação do nosso Codigo, o que não podia deixar de fazer: destinando o seu livro ao ensino dos alumnos de phar-

macia, tinha mais ou menos de cingir-se ás doutrinas abra-
çadas e expostas no livro que, para vergonha nossa, serve
de ensinamento obrigatorio!!!!

Forçam-nos os acanhados limites d'esta publicação a
resumir materias importantissimas. Assim passamos rapida
e ligeiramente algumas paginas do livro do sr. Xavier Cordeiro, para estudarmos as que se referem aos medicamentos
com excipiente, obtidos por extracção.

V

Nos medicamentos com excipiente, obtidos por meio da extracção, agrupa o auctor os hydrolatos, decoctos, infusos, macerados, caldos, succos espressos, oinoleos, acetoleos, alcoholeos, alcoholatos, eleoleos, emulsões, separando assim esta serie de compostos dos que se podem obter por via da mistão ou mistura, como são as emulsões espurias, loochs, julepos, poções, solutos, etc. As geleias animaes e vegetaes, as mucilagens, xaropes, mellitos, extractos, formam por si grupo especial, embora seja o meio da extracção o empregado ordinariamente para estas formações medicamentosas.

Logo e seguidamente occupa-se o auctor dos medicamentos formados sem excipiente, e que se obtêm por meio de corpos intermedios, sendo empregada a divisão ou mistão como meios operatorios. Assim vemos as polpas, conservas, electuarios, pilulas, bollos, pastas, pastilhas, cataplasmas, linimentos, ceratos, pommadas, unguentos e unguentos emplastos, formando uniformemente um grupo privativo.

Pela mesma fórma, e da mesma maneira, os medicamentos em que se podem notar phenomenos chimicos, ou em que têm logar combinações e decomposições mais ou menos completas, são collocados em logar proprio e reservado; e por isso os emplastos verdadeiros, creados sem ou com intermedio d'agua, os sabões soluveis, algumas pommadas, como a citrina e oxygenada, ligam-se como em familia em vista das particulares condições da sua formação. Descrever um por um quantos processos emprega e lembra o auctor para a obtenção de tantos preparados medicinaes; dar conta minuciosa de quantas doutrinas apresenta, filhas e dictadas pela sua longa e mui esclarecida pratica, no meio d'essa ampla serie de theorias suas e alheias, desinvolvidas em tantas paginas do seu livro, não foi esse o nosso intento, e longe levariamos o nosso trabalho. Mal podem, porém, ficar sem reparo algumas das mais importantes doutrinas consagradas ao conhecimento dos principaes fluidos empregados diariamente pelo pharmaceutico em tantas preparações medicinaes. A escolha, a preparação e alteração dos liquidos excipiadores, como são o vinho, alcohol, vinagre, ether, ammoniaco, glycerina, oleos fixos e volateis, têm, sem duvida alguma, um distincto logar na obra que estudamos.

Principiando pelos vinhos, mostra-nos quaes os preferiveis para os compostos medicinaes, suas propriedades e maneira de reconhecer a sua força alcoholica, alterações principaes por que passam, as falsificações mais communs a que estão sujeitos, e aquellas que mais podem perturbar não só o medicamedto em si, mas ainda a saude publica.

Têm-se agrupado os vinhos por varios modos, olhando-se umas vezes aos caracteres que apresentam, outras então ás variedades da uva de que procedem estes liquidos mais ou menos alcoholicos, e ainda consoante a fórma de preparação. Distribuidos, como são, em vinhos acidos, communs, generosos e espumosos, póde bem ver-se, e, rapidamente, qual a influencia que póde exercer esta variedade de productos, ao serem empregados indistinctamente pelo pharmaceutico como fluidos componentes e excipiadores de corpos organicos ou mineraes, dotados sempre d'uma composição variavel e salientemente desegual. Os vinhos acidos são caracterisados pelo seu sabor acidulo; os communs pela pobreza de materia alcoholica, que não passa ella de 8 a 10 por cento — sabor pouco acido mas adstringente, devido ao tanino; os generosos differem sempre dos anteriores, principalmente pela maior riqueza de alcohol, que póde subir de 15 a 18 por cento, abundando nelles o assucar (vinhos doces), ou escasseando esse elemento, e se denominam e conhecem por vinhos seccos; os ultimos, ou espumosos, distinguem-se pela abundancia de acido carbonico o contido em si e em tal porção algumas vezes, que se torna superior a quanto o vinho póde dissolver a uma pressão ordinaria ou estavel. Todavia, não é sómente o alcohol que nos vinhos toma importante logar na sua composição; egualmente valiosos são outros corpos, que, unidos intimamente, formam este liquido tão antigo como a longa historia de Bacho, considerado como o deus dos antigos pagãos, ou como a de Noé, a quem se attribue a cultura da vide e os primeiros effeitos perniciosos do vinho. Portugal tem um dos primeiros logares entre as nações cultas, como um dos paizes mais ricos e abundantes em vinhos de toda a especie, sendo por isso principalmente que as adulterações não se fazem sentir salientemente, o as que raras vezes apparecem são quasi sempre sem o emprego de substancias perigosas ou nocivas para a saude publica.

Os nossos vinhos da Madeira, Douro, Algarve, Alemtejo e Beira podem mostrar-se com verdadeiro orgulho nacional, e como typos recommendaveis, attentas as superiores qualidades que possuem, tanto de aspecto, sabor e aroma, como tambem de riqueza alcoholica. Este ramo brilhante da nossa agricultura nacional tende agora, e mais que nunca, a desinvolver-se e aperfeiçoar-se, formando, por assim dizer, um dos mais deslumbrantes e aprimorados florões da industria agricola portugueza, se fòr melhorada a sua preparação.

Noutros paizes, mais do que entre nós, está o vinho sujeito a mui frequentes sophisticações; são ellas algumas vezes perigosas para a saude e mórmente quando mão empirica e brutal, movida por estupida ignorancia, lhe mistura substancias deleterias. Para estes o rigor das leis devia ser inexoravel. A chimica felizmente, com todo o seu poder analytico, nos dá meios e processos abundantes a fim de reconhecermos a maioria de corpos que lhe são misturados ou combinados com fins e motivos reservados. Tão antigo se póde notar o mau e pernicioso costume de adulterar os vinhos, que já Plinio dizia: «bem difficil se torna beber vinho puro, embora se pague por bom preço.» A quasi mania de falsificar os vinhos dá-se mesmo em paizes vinhateiros, como em França e na Italia, chegando a estudar-se com certa profundeza a maneira de fabrico dos vinhos artificiaes, atirando com elles para os mercados publicos e fazendo-os passar por naturaes! É vulgar em Inglaterra o fabrico do vinho formado pela união da calda do assucar, agua-ardente de cereaes, bagas de junipero, fermentadas ou por fermentar, pão de centeio e varias materias colorantes conforme a côr que lhe querem dar. D'esta arte formam os inglezes esta e outras muitas bebidas nauseabundas, que tudo poderão ser, menos vinho ou liquido que a elle se semelhe. A pharmacopeia militar russa manda preparar o nosso vinho do Porto artificialmente, macerando a cidra em agua ardente e vinho commum! O saboroso vinho do Rheno, que o mesmo livro prescreve, quer se faça pela maceração da cidra em vinho ordinario, agua ardente fraca e acido nitrico alcoholisado !

Tudo isto se passa, tudo isto se escreve, sabe e póde ler-se.

Os carbonatos de soda e potassa, o lithargirio, a soda e cal, o alambre, sulphato de ferro, muitas materias colorantes umas vegetaes outras mineraes, a cré, agua, alcohol, mel, assucar, os pós de marmore, são todos materiaes de que se lança e tem lançado mão para deteriorar e algumas vezes envenenar este alimento, tão digno de respeitar-se em vista das suas utilissimas qualidades. Do exame attento das propriedades que exerce o vinho sobre o organismo humano em seu estado physiologico ou normal, se tem tirado partido para o julgar como bom medicamento e alimento. É certo porém que, pelas suas condições naturaes, longe está de possuir as qualidades precisas de fluido excipiador de substancias medicinaes, apezar de não vermos opiniões em contrario. Um liquido que não tem unidade de

composição ou uniformidade de principios, saturado como
está dos elementos que lhe dão origem em todas as suas
multiplices variedades, mal póde satisfazer pelas suas naturaes condições aos fins a que ordinariamente se destina nos
usos pharmaceuticos, se não esquecermos quantas regras e
principios verdadeiros a chimica nos estabelece. Os oinoleos, ainda agora de vulgar emprego, têm de banir-se ou
riscar-se da lista dos bons medicamentos. Raras e mui raras
vezes poderemos determinar a composição de taes compostos, tantas são as reacções chimicas que se dão em todas
as differentes phases por que passam. Além d'estas considerações, que facilmente se antolham, póde ainda alle-
gar-se a rapidez de alteração, em parte devida á sua
multiplice composição, e aos agentes externos sempre
germinadores de novos corpos.

Se quizermos reparar nas variaveis composições do vinho,
sem mesmo attendermos ás suas muitas especies e qualidades, bastará ver a sua composição no bago da uva e ir
caminhando até ao ponto da sua derradeira formação.
O sumo da uva contém assucar proprio, fecula, pectina,
albumina, gluten, materia extractiva, principios adstrin-
gentes, como o tanino, materias colorantes azul e amarella, bi-tartarato de potassa, acido malico, citrico e lactico,
agua, tartaratos de cal e de alumina, chloruretos de sodio
e potassio, sulphato de potassa, materia graxa.

Os elementos que existem no vinho puro sem nenhuma composição são: agua, alcohol, assucar (que não chegou a decompor-se), pectina, albumina, materia extractiva, acido acetico, malico e tartarico, bi-tartarato da potassa, tartaratos de cal e alumina, chloruretos de sodio e potassio, sulphato de potassa, materia colorante azul nos vinhos tintos e amarella em todos; nos vinhos espumosos, acido carbonico; em todos elles ether œnantico e œnantina. Comparando os productos, havemos de conhecer que pela fermentação a fecula desapparece e a maior parte do assucar das uvas converte-se em alcohol, acidos e ethers, etc. etc. O alcohol vem constituir um dos principaes fundamentos do vinho e a que deve toda a sua força e riqueza mais saliente. Os acidos são productos dos mais secundarios na composição dos vinhos, a não ser o acido carbonico nos vinhos espumosos. Por fim o ether œnantico dá-lhe sempre o aroma distincto e proprio, sendo a sua formação motivo de duvidosas opiniões scientificas. Um liquido assim carregado de principios immediatos, alliado ainda, como deve ser, a outra ou outras substancias organicas ou menos communmente mineraes, tem de dar necessariamente compostos, por tal maneira complicados e não definidos, que bem podem taxar-se de empiricos, dignos de figurarem só na velha historia dos medicamentos. Se a condemnação scientifica apagou já da lista dos medi-

camentos os elixires da longa vida, as tisanas compli-
cadas, os remedios numerosos, que tinham por base os
cabellos humanos queimados, o pulmão e fîgados de lobo,
o sangue de bode bravo, o espirito de sangue humano,
os intestinos de sapo, a carne de rã, o dente de porco
espinho, olhos do caranguejo, dente e genital de cavallo
marinho, unhas de elephante e de *grão-besta,* ossos de
espinhaço de cobra, canellas, mãos e ossos de elephante,
bucho de vacca *branca,* lixo de lagarto, de pavão e pomba
branca, unto de cavallo, craneo humano, dente de javalli
e quantas *extravagancias* o fanatismo e a rotina imperti-
nente pòde entreter e alimentar, — a condemnação scientifica venha tambem para estas e muitas formulas ainda
hoje usadas. Agora, que se descobrem dia a dia os principios mediatos e immediatos dos corpos ; agora, que se
descobrem todos os seus liquidos solventes; agora mesmo,
que tudo tende a simplificar-se natural e distinctamente,
— á pharmacia compete banir de si quantos compostos
podem ser julgados menos racionalmente por outras sciencias suas irmãs, ligando sempre com ellas em estreito élo,
respirando o mesmo ar e derramando a mesma luz. Nem
sempre a pharmacia tem acompanhado e seguido as sciencias suas auxiliares em todas as suas phases e constantes
evoluções. Desprendendo-se, e frequentemente, da chimica, sua natural e indispensavel companheira, corre ca-

4

minho desordenado, desconhecido e sem norte, baqueando, sem querer, em erros salientes ou funestos, parecendo olvidar as mais modernas doutrinas por ella proclamadas, e que o espirito de observação manda seguir e acompanhar.

A pharmacia tem de inclinar-se quasi sempre diante d'essa sciencia revolucionaria, que ameaça, emfim, tudo absorver e dominar, erigindo-se como monarcha de todas as sciencias, dictando sabias leis dentro da esphera ampla da sua incontestavel soberania. Mal e bem mal lhe irá a si propria se a rotina for sua norma, e não for acompanhando passo a passo o movimento progressivo d'outras sciencias. Não será tarde, que essa enorme multidão de oinoleos, extractos, decoctos e xaropes sejam eliminados quasi em sua totalidade, ou a pharmacia voltará aos tempos fabulosos e legendarios, estacionada em campo sobrenatural e mystico. O sr. Cordeiro dá no seu livro as regras principaes para a melhor preparação dos oinoleos, limitando porém o numero de formulas em que o vinho se emprega como meio excipiente.

VI

Depois do estudo dos vinhos segue o auctor o do alcohol vinico, que prefere a outros alcohoes nas preparações pharmaceuticas. Discorrendo em quanto aos meios da sua purificação, trata dos modos de o rectificar, e aponta, além d'isto, a fórma mais racional de o graduar, pois que póde variar o emprego de differentes concentrações sempre que o motivem as qualidades privativas de tantos corpos a que este fluido serve de excipiente.

É o alcohol um dos dissolventes de uma acção mais ampla e que, pela sua composição como principio immediato, mais recommendavel se torna para os usos pharmaceuticos. No alcohol, mais ou menos concentrado, tem o pharmaceutico um liquido precioso, para não dizermos indispensavel; com elle realisa numero variadissimo de formulas; e nenhum fluido por certo, a não ser a agua, se molda a tão importantes serviços, nem se presta a tão dissimilhantes empregos.

O alcohol mais ou menos graduado dissolve o nitrogenio, bromo, iodo, oxygenio, hydrogenio, phosphoro, enxofre, no grupo dos corpos simples; solve por si o acido sulphuroso, chlorhydrico, borico, carbonico e outros egualmente mineraes; e este seu natural effeito estende-se tambem a quasi todos os acidos organicos, que desapparecem como por encanto no seio d'este liquido, de que geralmente tanto partido se tira, ou seja na economia domestica, nas artes, ou ainda nas operações mercantis. As bases mineraes, as organicas, os chloruretos alkalinos e metallicos, os sulphuretos alkalinos, ioduretos de muitos radicaes, alguns azotatos e acetatos e tantos saes de bases organicas, tudo o alcohol dissolve na sua maioria. Solve o alcohol as resinas, solve as essencias, resinas gommosas, e quasi se póde dizer — o alcohol tudo dissolve!

Esta propriedade varia muito, e por maneira notavel, consoante o seu grau de concentração; por isso, torna-se evidente o previo estudo do corpo a excipiar, diversificando salientemente a graduação alcoholica, sempre que o determinem as condições particulares e privativas de cada um dos materiaes simples ou compostos, organicos ou anorganicos, em que a sua acção tenha de se exercer.

Os preparados pharmaceuticos, conhecidos pela denominação de medicamentos alcoholicos, resultam da acção dissolvente do alcohol sobre uma ou mais especies pharmacologicas. Constituem por si um grupo natural se os referirmos não aos processos de preparação, mas sim á especie excipiatoria. Bastam só estas especies medicamentosas, tão avultadas em numero e tão importantes por si, para nos evidenciarem a necessidade do estudo do alcohol, e a importancia que tem o variar a sua graduação. O alcohol de vinho ou alcohol typo, como bem o denomina o sr. Xavier Cordeiro, graduado pelo intermedio da agua pura ou distillada, deve sempre preferir-se para todos os usos pharmaceuticos, já pela egualdade e pureza de composição, já pela prompta facilidade com que podemos variar a sua graduação. Estão concordes os mais notaveis pharmacologos em que as substancias medicinaes, possuidoras de materias volateis alliadas a resina, se devem submetter aos effeitos do alcohol fraco; aquellas em que se destacam os principios resinosos devem tractar-se pelo alcohol concentrado; outras, porém, solvem-se mais promptamente no liquido d'uma concentração mediana — taes são as gommas-resinas.

Assim estas idéas, já consignadas de muito remotas eras, têm a sua razão de ser, e prendem-se, como julgamos, a essa enorme variabilidade de especies pharmacologicas que temos a excipiar, ao seu estado de complexidade e heterogeneidade chimicas a que temos de attender, e podem servir de bussola guiadora ao operador pratico e esclarecido. Temos visto algumas vezes levantar theorias novas mais ou menos deslumbrantes, muitas d'ellas creadoras de assignaladas reformas e importantes melhoramentos, outras vezes simples absurdos, creação exaggerada de cabeças desregradas, que só miram a uma gloria ephemera, gloria que desapparece como o pó levantado por vendaval rijo e tempestuoso. D'este ultimo modo se nos devem figurar as idéas de alguns auctores francezes; e, no meio d'elles Parisel, querendo e proclamando o augmento das propriedades dissolventes do alcohol pela addição dos corpos alkalinos, e por tal meio elevar assim a sua força solvente, apontando os factos observados nas tinturas de baunilha, myrrha, escamoneia, guaiaco, euforbio, aloes, assafetida, quina, rhuibarbo, genciana, benjoim, valeriana e lobelia, quando preparadas com alcohol alkalinisado. Desgraçadas e phantasmagoricas theorias são estas, que, parecendo dirigir-se a um fim util, conduzem a erros sensiveis e funestos, tal como inquinar um liquido puro dando-lhe a perniciosa faculdade decomponente, que não tinha, elemento perigoso sempre na mais simples das preparações pharmaceuticas. Entre os alcohoes monatómicos, cuja fórmula geral os chimicos representam $C^{12} H^{12} + 2 O^2$, o alcohol vinico é aquelle que mais nos interessa conhecer. Nem os alcohoes melissico, cerotico, amilico e metilico, considerados pelos chimicos como pertencentes ao mesmo grupo, offerecem para nós um rigor de estudo tão importante, que chame a nossa attenção.

Não assim o alcohol vinico denominado alcohol, alcohol commum, espirito do vinho, hydrato d'etilo por uns e oxydo d'etilo por outros, bi-hydrato de etileno, alcohol etilico, aguardente, etc. Este fluido, conhecido desde a mais remota antiguidade, tem a sua historia propria, curiosa e importantissima. Attribue-se a Abacassis ou a Arnaldo Villa-Nova a sua extracção, sendo primeiramente extrahido do summo das uvas e das cerejas; todavia, concordam muitos e auctorisados escriptores em que a sua descoberta fôra anterior aos trabalhos d'aquelles alchimistas. Vê-se, porém, pelo nome que lhe foi consagrado, que a sua descoberta se póde talvez referir ao periodo em que na Europa dominaram os livros e doutrinas arabicas. Mais recentemente Stahl considerou este corpo formado pela união d'um oleo mui ligeiro com agua e um acido; Junker o suppoz composto de flogisto, agua e um acido; Cartheuser em todos os seus estudos nega a existencia de todo e qualquer acido na composição do alcohol; e, nem Lavoisier, conseguiu pelos seus trabalhos analyticos determinar a natureza chimica d'aquelle liquido.

Estava reservada para Saussure a gloria de descobrir a

composição elementar do alcohol, que representou pela formula — $C^4 H^6 O^2$.

Modernamente querem Dumas e Boullay considerar o alcohol formado pela combinação da agua com o carbureto oleifico, representando-o por $C^4 H^4$, 2HO; todavia, a este conceito se oppõe Liebig, considerando-o como oxydo hydratado de um radical composto, a que chamou étilo, $C^4 H^5$, sendo a sua formula representativa C^4, H^5, O, HO. Sabido é que o alcohol se produz pela metamorphose que os fermentos exercem sobre o assucar denominado glucosa ou glycosa; assim, todos os sumos que possuem esta substancia são os escolhidos para a extracção d'elle, variando em muito as materias capazes de o produzirem.

Nas regiões vinicolas escolhe-se de preferencia o sumo das uvas maduras ou mosto, que pela fermentação se transforma em vinho, que depois nos dá o alcohol. Outras substancias, sempre assucaradas, ou susceptiveis de se transformarem em glycosa, nos produzem alcohol; por isso, naquelles paizes onde rareia o vinho, outros liquidos assucarados, ou capazes de o serem, substituem a sua falta.

É assim que poderemos notar nos povos do Oriente o fabrico do arack, fluido alcoholico dimanante do arroz passando pela fermentação. Da seiva soberbamente saccharina das differentes variedades de palmeiras se extrahe no Egypto a agua ardente, conhecida naquellas paragens pelo nome *arrachi* e nas Philippinas *arrech-tuba*.

Em Sião ao mesmo liquido, embora obtido de outro modo, chamam-lhe *alcohol lã*. Em grande parte da India lá vêmos o arrack e arrack mahwah, especie bem similhante ao alcohol de Sião.

A seiva fermentada de coqueiro dá o rack d'alguns pontos da Africa e America, e o rack do Indostão produz-se do sumo da canna doce aromatisado com casca de jagrá. A cevada germinada na Escocia e na Irlanda; a cereja cultivada e silvestre na Suissa, Allemanha e Floresta Negra; o pêcego na Dalmacia; a seiva do arce na America; o mosto da canna doce nas Antilhas — são todos corpos escolhidos pelos povos d'estas paragens para o fabrico do alcohol, mais ou menos concentrado conforme as applicações a que o destinam. As batatas, o centeio, o trigo, a cevada, e, em geral, todas as sementes feculentas, são capazes, depois de convenientemente fermentadas, de produzirem alcohol, que devemos regeitar e banir dos usos pharmaceuticos e domesticos, attentas as suas qualidades nocivas, devidas a substancias extranhas, e principalmente ao alcohol amilico, que em si abunda.

Imprudentemente se vai vulgarisando o costume de misturar aguardente ou alcohol de cereaes com o de fructas, e, infelizmente, não são muitos os recursos chimicos que temos

para averiguar estas falsificações. As qualidades organo-
lepticas d'estes liquidos permittem desconfiar da fraude
quando exista ; e, melhor se patenteia ella pela distillação
do alcohol suspeito com alguns grammas d'acido oxalico,
que dará logar a ether oxamilico, o qual se distingue
pelo cheiro da farinha em decomposição, facil de perceber
pelos praticos. Póde o alcohol privar-se de uma quantidade sensivel d'agua, submettendo-se a repetidas redis-
tillações, e por esta fórma marcar 36° Cartier ou 90° cent.,
sendo este o denominado alcohol rectificado sem intermedio.
Quando a boa disposição dos apparelhos destilladores vem
auxiliar a operação, chega a conseguir-se uma graduação
de 37,5° Cartier ou 92° cent.; mas jámais passará d'estes
limites a não ser que o alcohol se distille com substancias absorventes da agua, para nos dar o liquido rectificado por via de intermedios. Por meio d'estes chegamos
a conseguir alcohol privado d'agua, anhydro ou absoluto,
tal como se representa pela formula $C^4 H^6 O^2$. Raymundo
Lullio primeiramente, e mais tarde Muschenbroec, lembra-
ram a concentração do alcohol pelo emprego do carbonato
de potassa secco, e com o auxilio d'este corpo chegaram
a obtel-o, contendo sómente 5 por cento d'agua. Black
recommendou com instancia o chlorureto de calcio dessecado, conseguindo por este intermedio que o liquido só
contivesse 2 por cento d'agua. O chimico russo Lowitz

logrou com grande felicidade, em 1793 pela primeira vez, por meio da potassa caustica e do carbonato de potassa, alcohol anhydro ou separado d'agua completamente.

Ultimamente se tem indicado avultado numero de processos e materias deshydratantes, como o sulphato de soda efflorescente, carbonato de soda dessecado, cal e baryta causticas, sulphato de cobre secco, etc. etc.

Não se póde, em traços rapidos e ligeiros, dar conta, ainda que acanhada, de tantos trabalhos distinctos, como são todos aquelles que neste valioso assumpto se devem a Richter, Péan, Berthelot, Soubeiran, Wurtz, Soemmering, Christison, Hennel e outros.

VII

O vinagre e o acido acetico, que d'elle se deriva, são excipientes empregados vulgarmente na preparação dos medicamentos: estes, que são sempre compostos de varias especies pharmacologicas, podem obter-se pelos meios geraes assás conhecidos, ora a maceração, e menos vezes a distillação. Entre os compostos do vinagre tem o acido acetico o primeiro logar. O acido acetico anhydro — anhydrido acetico — acetato de acetilo — oxydo de acetilo anhydro — $C^4H^3O,^3$ — o acido acetico crystallisavel — acido acetico monohydratado — hydrato de acetilo — acido acetico glacial — oxydo de acetilo monohydratado — $C^4H^3O^3$, HO, e ainda o bi-hydratado e trihydratado $C^4H^3O^3$, 2HO e $C^4H^3O^3$, 3HO, são, como se sabe, especies mais chimicas do que pharmaceuticas.

O vinagre commum, o radical ou espirito de cobre —

espirito de Venus — vinagre de Westendorff — acido acetico concentrado — vinagre empyreumatico de cobre, e o
vinagre de madeira, — acido acetico de madeira — acido
pyrolignico — acido pyrolenhoso — espirito acido da madeira — acido lignico — acido pyro-acetico — vinagre de
Mollerat, são especies pharmaceuticas, sendo as duas ultimas menos empregadas; todavia tomam-se todas como
dos dominios da pharmacia, e por isso nos importa conhe-
cel-as. Tem-se julgado que o acido acetico procede unicamente do reino vegetal, por se colher de ordinario, e
derivar no maior numero de casos de reacções chimicas
passadas entre as materias vegetaes. Frequentes e quasi
desnecessarios exemplos se podem citar de corpos animaes, que tambem o produzem, e de humores d'esta
origem que o contenham e abundantemente. É conhecido
o acido acetico impuro desde a mais remota antiguidade,
e tanto, que a historia indica e affirma que Moisés, fal-
lando nelle, mencionára já ser um dos liquidos de uso
mais vulgar entre o povo hebreu; deve-se porém á chimica moderna a sua preparação em estado de pureza e
em grau de conhecida concentração.

Vêm de longe os usos do vinagre em pharmacia, como
excipiente mais adequado para certo numero de substancias medicamentosas. Exaggeram-se as propriedades que
têm de dissolver muitos principios vegetaes, como são as

resinas, oleos volateis, alkalis, etc. etc. Os que lhe exal-
tavam as virtudes seguiam com mais afinco o empyrismo
do que o estudo da natureza e acção do vinagre sobre os
corpos que nelle se solvem. Desde os principios mais rudi-
mentares da acetificação, meios variaveis da preparação
dos vinagres, sua procedencia, composição e falsificações,
de tudo nos dá conta o livro do sr. Xavier Cordeiro, resumindo em poucas paginas quanto vemos occupar extensas
memorias e crescido numero de volumes.

Sabemos que o vinagre se consegue pela acidificação
dos vinhos, e, ainda, pela d'outros liquidos de distinctas
origens, capazes, como elles, de produzirem acido acetico.
Em Portugal, paiz ricamente vinhateiro, obtem-se o vinagre exclusivamente do vinho: não assim por outras nações, onde se torna sentida a falta d'este liquido. Aqui a
razão por que a acidificação de alguns liquidos, tambem
como este alcoholicos e que tinham sido assucarados —
aguas-ardentes de melasso, de batatas e varias sementes;·
as caldas de melasso e glycosa; o mosto da cevada, trigo
e centeio; a cerveja e o sumo previamente preparado
da cidra, das peras, da beterraba, servem todos para
substituir o vinho, que entre nós abunda, devido ao solo
temperado e rico da nossa opulenta e creadora peninsula.

Entre nós os vinhos, que por lenta acidificação se tornam azedos ou agros, escolhem-se de preferencia para

formar o vinagre, e meios differentes são empregados para chegarmos a um tal resultado. Têm-se lembrado varios alvitres, geralmente tendentes a accelerar a acetificação, adoptando-se processos mais ou menos capazes de evitar delongas, chamando para este fim a concorrencia de elementos apropriados. Os agentes chimicos e os atmosphericos, actuando sobre as materias organicas contidas no vinagre com o auxilio de uma temperatura que se póde elevar entre 25 a 30º — são tudo importantissimos recursos de que se póde lançar mão para completar a formação d'este liquido. Os meios já patenteados por Boerhaave, Cambert, Kiournes, Wagemann, Schuzenbach e tantos outros, tendem todos ao mesmo fim, recorrendo-se sempre á elevação de temperatura e renovação d'ar humido, etc.

Recommenda o sr. Xavier Cordeiro, de preferencia, o uso do vinagre de vinho nos preparados pharmaceuticos; e esta sua acceitavel indicação é de suppôr se baseie na identidade da composição; por quanto os outros vinagres, que não procedem do vinho, mas sim d'outros fluidos, não podem dar com egualdade em sua composição immediata, agua, acido, acetico, malico, alcohol, ether acetico, materias extractivas e colorantes, bi-tartarato de potassa, tartarato de cal, sulphato e chlorureto de potassio, composição propria e privativa dos vinagres de vinho. Não póde este excipiente considerar-se como um dos mais empregados; no emtanto, alguns medicamentos o têm em sua união, e tanto os de emprego externo como interno.

O vinagre liga-se ao mel para formar os oxymelitos, e ao assucar para nos dar o xarope que toma seu nome e a que têm chamado oxycrato, liquido bem similhante aos oxycratos dos antigos soldados romanos, quando se dilua em agua para formar uma bebida ordinaria e temperante. Os oxymilitos de colchico, de scilla, digitalis, rhuibarbo, acetato de cobre, prescreve-os ainda agora o medico, e, todavia, não se recommenda seu uso pela condição sempre attendivel de dosagem nos elementos activos de taes medicamentos; mórmente quando são ministrados internamente, como os de scilla, colchico e digitalis, preparados tão energicos como perigosos.

A sciencia nada perdia e a humanidade sempre lucrava banindo-se dos formularios taes compostos. Ainda a outra ordem de medicamentos serve o vinagre de vehiculo: aos appellidados vinagres medicinaes. Os oxyolatos, compostos mais ou menos saturados do menstruo pelos corpos aromaticos, e preparados por distillação, não são verdadeiramente formulas pharmaceuticas que nos cumpra estudar, e com mais propriedade o perfumista o poderá fazer. Já não assim os oxyolados, que são producto de fastidiosa e prolongada maceração, no vinagre, de muitas substancias medicinaes, particularmente organicas; e tal é a simpli-

5

cidade de preparação, que ella em pouco mais consiste do que na escolha e divisão das substancias que são postas em contacto immediato com o líquido excipiador. Guardam-se ordinariamente as proporções de uma parte dos solidos para 10 de vehiculo; a maceração estende-se de 10 a 15 dias, e a temperatura ordinaria é aquella que em regra nos serve para a conclusão do composto.

Soubeiran, cuja auctoridade nas sciencias tantas e tão repetidas vezes temos de acatar, manda juntar aos oxiolados algum alcohol como meio conservador. Soubeiran, que tanto recommenda que se evite o calor, para previnirmos alterações nos elementos que reunidos dão o medicamento; elle mesmo, que prohibe terminantemente até o emprego das substancias recentes, não devia em boa razão, e por concordancia de idéas e principios, unir fluidos reciprocamente alteraveis. Reconhecida a indispensabilidade na addição de elementos conservadores em taes preparados, ninguem duvidará de que o acido acetico concentrado deve ser o corpo escolhido de preferencia a qualquer outro. Para nós, e á luz da sciencia, podem os oxiolados ainda hoje admittir-se com a reputação de bons medicamentos, assim presida a melhor critica a cada uma de suas formulas, attendendo bem a cada um dos elementos de que ella tenha de compôr-se.

Sempre que os effeitos therapeuticos aconselhem a escolha do excipiente — vinagre (melhor acido acetico de escolhido grau de concentração) — formem-se taes prepa· rados por dissolução directa dos principios immediatos, e quando estes no seu estado de simplicidade ou isolamento tenham a faculdade solvente em liquido d'esta natureza. Deve escolher-se o vinagre de vinho para os preparados pharmaceuticos, como já fizemos sentir, por se reputar o vinagre typo, sendo o seu valor estimativo tanto maior quanto mais fôr a sua riqueza em acido acetico. Depende o vinho d'uma multidão de circumstancias para ser reputado de primeira ordem ; mas o vinagre está relacionado sómente com a quantidade d'acido acetico que contém.

São numerosos os processos que servem para guiar-nos, tendentes a avaliar a quantidade existente d'este principio em volumes determinados de vinagre, fundados em meios acidimetricos geraes, e que o pharmaceutico tem de estudar detidamente. Alguns praticos limitam-se sómente a indicar que o vinagre é tanto melhor, quanto maior quantidade podér dissolver de carbonato de potassa ou soda seccos para o neutralisar, e, ordinariamente, os melhores vinagres da peninsula são neutralisados por 6 a 7 por cento de qualquer d'estes saes.

Facilmente se comprehende que tal meio baste para formarmos uma idéa da concentração dos vinagres, ou tenham de ser escolhidos para usos medicos, domesticos ou industriaes.

Podemos practicar a operação, tomando 50 grammas de vinagre, sobre o qual se vá lançando pouco e pouco o carbonato secco, até ao termo em que se não produza effervescencia e que o papel de tornesol não mude de côr. Obtido este resultado, sabida a quantidade de carbonato que se empregou, facil se torna calcular a quantidade de acido acetico que contém o vinagre; por quanto, se um equivalente de carbonato de soda neutralisa outro de acido acetico puro, qual foi a quantidade absorvida de carbonato?—quanto acido representa pois? —O quarto termo d'esta proporção mostra-nos a quantidade exacta de acido acetico puro que temos na porção do vinagre analysado. Olhe-se porém que o vinagre poderá conter acido tartarico ou malico, e estes, combinando-se com os alkalis, pelo mesmo modo nos podem induzir a erro, pois vulgarmente se julga o vinagre como contendo só o acido acetico.

Para evitarmos taes inexactidões lembra Lassaigne acertadamente realisar segundo ensaio acidimetrico, empregando uma porção egual de vinagre, da mesma origem, evaporando-o até consistencia de extracto, e depois examinar a quantidade de carbonatos alkalinos que neutralisam os acidos fixos. A quantidade que resta, da que foi

gasta no ensaio anterior, dá por differença o alkali real-
mente neutralisado pelo acido acetico puro, procedente do
vinagre analysado. Temos ainda de considerar e advertir
se o vinagre estiver alterado por acidos mineraes, será inexacto o resultado obtido por este meio, ou a sua soflsti-
cação seja devida ao acido chlorydrico, sulphurico ou nitrico.
São conhecidos com o nome de acetimetros, instrumentos
que servem para determinar a riqueza dos vinagres por
meio dos liquidos graduados ou de composição conhecida,
tendentes a simplificar operações e calculos. Um d'estes
methodos acetimetricos consiste em tomar 40 grammas
de vinagre, sobre as quaes se vá lançando, por intermedio
d'uma pipeta, uma dissolução de carbonato de soda de
composição conhecida até neutralisação. A pipeta ou argáo
será construida de modo que tenha 100 graus eguaes a
100 centimetros cubicos, e o volume d'agua que contém
deve levar dissolvida uma porção de carbonato de soda
secco, capaz de neutralisar os 40 grammas de vinagre
que analysamos, e para o reputarmos de boa qualidade
deve conter 6 por cento de acido acetico puro. Esta quantidade é de 1,2 grammas. Um vinagre da melhor qualidade deve marcar neste acetimetro 100°; marcando só 50°,
podemos assegurar ter metade da riqueza dos vinagres
bons, sendo mui facil expressar em centesimos o seu
valor real. Donde se deduz que os graus do acetimetro

em questão expressam sómente centesimos de bondade do vinagre analysado. Tal é, salvando insignificantes differenças, o fundamento dos acetimetros de Brouczel, Viollete, Chevalier, Ure e Otto. O penultimo d'estes auctores aconselha o emprego do ammoniaco de concentração determinada, em vez do carbonato de soda.

Reveil e Salleron deram a conhecer um acetimetro, que tomou o seu nome, e por meio do qual se fixam os centesimos de acido acetico monohydratado ou crystallisavel, que contém qualquer vinagre commum. Para chegarmos a tal resultado neutralisa-se o liquido mediante uma solução de borato de soda, cuja alkalinidade se augmenta pela addição da soda caustica. Esta alkalinidade deve ser tal que 20°° de licor sodico neutralisem exactamente 4°° de licor alcalimetrico de Gay-Lussac. Dissolvem-se 45 grammas de borax em um litro d'agua distillada, junctando-lhe soda caustica em quantidade sufficiente para ter a propriedade desejada.

Ao liquido ainda devemos junctar uma pastilha de tornesol para podermos appreciar o momento em que a neutralisação do acido teve logar. Este acetimetro consiste em um simples tubo recto, fixado no extremo, com um signal e o zero da escala em um ponto donde alcancem 4 centimetros cubicos de liquido, que é a quantidade de vinagre que se toma em cada ensaio. Vai a escala subindo até ao extremo aberto, e por tal arte graduada, que cada 12,5° corresponde a 20cc de capacidade. A experiencia ensina que todo o liquido, do qual 20cc neutralisam 4cc de licor alkalimetrico de Gay-Lussac, tem a propriedade de neutralisar, por cada grau do acetimetro de Reveil e Salleron, uma centesima parte de 4cc de acido acetico monohydratado. Assim concluimos que cada grau de liquido alkalino, que absorve um vinagre tomado em quantidade de 4cc, corresponde a um centesimo de acido acetico crystallisavel ou monohydratado. Este methodo, sobre modo recommendavel na pratica, torna-se accessivel e ao alcance das pessoas menos instruidas; todavia está sujeito a causas de erro já reveladas respeito á existencia no vinagre dos acidos distinctos do acetico, como o sulphurico, chlorhydrico, nitrico e tartarico e outros, que fraudulentamente ligam ao vinagre. Todos estes meios são hoje preferidos ao antigo peza-vinagres, instrumento fundado na densidade do liquido, e agora abandonado por inexacto, como o foi tambem o œnometro no estudo dos vinhos.

São de conhecimento vulgar os meios chimicos empregados para descobrirmos a presença dos acidos mineraes no vinagre; os organicos não são destinados a fraude, a não ser o tartarico e oxalico, e estes mesmos, ainda assim, raras vezes, pelo seu alto preço no commercio. O acido tartarico póde descobrir-se, evaperando o liquido suspeito, e o peso consideravel do extracto resultante denunciará ou não a existencia d'este acido livre.

Ainda se descobre, evaporando primeiramente o liquido até o reduzir aos ³/₄, deixando-o esfriar e misturando o vinagre com iodureto de potassio, que dá origem a um precipitado crystallino de cremor contendo tal acido. Tambem podemos saturar o vinagre por uma dissolução de chlorureto de calcio, que dará precipitado de tartarato de cal.

O acido oxalico descobre-se promptamente por via do ammoniaco, ou chlorureto de calcio, com o qual dá um precipitado caracteristico de oxalato de cal.

Entre as substancias menos perigosas para a saude publica, destinadas a falsificar o vinagre, figuram as vegetaes estimulantes, como a mostarda, pimenta, meserião, pimentões, malagueta, etc. etc.; se porém nos usos domesticos a addição d'estas materias não são de superior inconveniente, já o são nos preparados medicinaes, onde a pureza de todos os liquidos solventes e a egualdade na composição de formulas são condições a que nunca o operador póde nem deve faltar.

Mui difficil se tornam as pesquizas de taes materias organicas, que, em parte combinadas com o vinagre, nos dão corpos mal definidos e complicados, e por tanto de reconhecimento trabalhoso, longo e difficil. Todavia, meios e recursos chimicos não faltam, tendentes a procurar e descobrir estas substancias extranhas.

Os principios soluveis da pimenta, mostarda, etc., descobrem-se algumas vezes saturando o vinagre por via dos alkalis, apreciando depois o sabor e aroma dos liquidos. Ainda mais: depois da evaporação branda do fluido inquinado observam-se os caracteres do extracto restante, e prosegue-se nos meios de analyse chimica que devem variar consoante a especie do material escolhido para fraude.

O vinagre, sem ser de vinho e vindo d'outras procedencias como da cerveja, serve em Inglaterra para adulterar o raro vinagre de vinho que lá se depara; o de cidra e ginja abundam na Russia, onde quasi se desconhece o de vinho; em França, e mesmo na Belgica, o de glycosa mistura-se abundantemente com o legitimo e verdadeiro vinagre; e para estas especiaes de falsificações, motivadas em parte por necessidades locaes, a sciencia moderna pouco ou nada aconselha no sentido de reconhecer estas fraudes muito particulares, que são privativas e proprias de cada uma nacionalidade.

VIII

No grupo dos corpos excipientes têm cabida alguns ethers, que são elles algumas vezes escolhidos na pharmacia, como fluidos dissolventes de varios elementos procedentes de reinos differentes, e por si só ou isoladamente utilisados medicamente no seu estado de natural composição. Os ethers sulphurico, hydrochlorico, azotico e acetico, emprega-os o medico e o pharmaceutico quasi diariamente. É por isso que o auctor, sem se embrenhar nos altos e problematicos phenomenos chimicos da constituição dos ethers, nos dá as noções indispensaveis para que o pharmaceutico os conheça pelas suas propriedades mais geraes. O numero dos ethers tem augmentado tão notavelmente, que se tornou, com o correr dos tempos, de indispensavel necessidade a sua classificação, e mais particularmente desde a descoberta de muitos alcohoes, que não

são de vinho, capazes, como este, de darem origem a grande
numero de compostos etherios. Tres classificações principaes
devemos aos chimicos Regnaul, Liebig e Gerhardt, todas ellas
não limpas de defeitos e algumas vezes de erros salientes,
todavia desculpaveis mórmente quando se repare em que
as classificações são sempre difficeis em corpos de simples
composição, e muito mais em tantos d'aquelles que são
do estudo e dominios da chimica organica. Gerhardt parece-nos ter o primeiro e mais honroso logar entre os
chimicos methodistas na classificação dos ethers em geral;
e, se as suas doutrinas vão rapidamente passando por
sensiveis alterações, motiva-o assim o progresso das
sciencias. Este grande chimico estabelece com effeito tres
grupos principaes dos ethers:—o primeiro diz respeito a
quantos são formados pela combinação d'um radical alcoholico com um corpo amphigenio (telurio, solenio, enxofre
e oxygenio);—o segundo acompanha os productos da combinação dos radicaes alcoholicos com os corpos alogeneos
(bromo, cyanogenio, iodo, chloro e seus analogos);—por
fim agrupa os ethers que são formados por um oxydo de
radical alcoholico e um oxacido. A circumstancia de ter
sido o alcohol vinico o primeiro dos alcohoes conhecidos
deve ser a causa principal do ether sulphurico ser dos
primeiros estudados, e o seu emprego vulgarissimo na
therapeutica e frequentissimo nas artes o seu uso.

Nos ethers de primeiro genero tem pois um logar importante o ether sulphurico — oxydo de etilo — ether — ether hydratico — ether vinico — ether normal — monohydrato de ethereno, de etherina, ou de etileno — naphta vitriolica — aceteno monoxydado — C^4H^5,O. Os ethers em geral, e, principalmente os indicados, têm de ser conhecidos e estudados pelo pharmaceutico; as suas formações, composição, applicações pharmaceuticas, obrigam a serios estudos, que podem ser muitas vezes reputados fastidiosos e importunos, mas que lhe são de visivel e urgente necessidade.

Os ethers (alguns) dissolvem o iodo, bromo, enxofre, phosphoro, varios chloruretos metallicos, acidos organicos, oleos essenciaes, alkaloides, resinas, gommas resinas, algumas gorduras e cera. Por estas propriedades, em pharmacia, tiramos todo o partido do seu poder dissolvente para compormos os denominados ethereolados, preparados da mais alta importancia medica, e que, diga-se a verdade, a maior parte das suas formulas pelo seu empirismo, estão chamando por uma reforma afeiçoada e medida pelos conhecimentos que a chimica nos dá. Urgente se torna nestes preparados, como em tantos outros que são dos dominios e attribuições da pharmacia pratica, estudar bem cada uma das partes componentes do medicamento; e, pondo de parte velhos prejuizos, acobertados tantas vezes com as palavras mysteriosas e milagrosas *de altas e sublimes virtudes therapeuticas,* dar-lhe feição nova, simplificativa e mais racional. Oxalá que estas verdades, propagadas com instancia, animem novos escriptores, que bem podem, derramando o seu saber, evitar erros nocivos, banindo da practica pharmaceutica formulas por tal modo condemnaveis, como o simples raciocinio o demonstra. Os ethers em geral, e mórmente o sulphurico, considerados isoladamente, ou mesmo no estado de mistura ou combinação com outros medicamentos, têm uma acção tão importante, medica ou pharmaceuticamente avaliados, que, pela vulgaridade de seus empregos tem o pharmaceutico esclarecido de destinar-lhes cuidados especiaes.

Para nos utilisarmos dos ethers em todas as suas multiplices applicações, importa bem averiguar e mui cuidadomente o seu verdadeiro estado de concentração. Jámais nos póde ser indifferente a quantidade de ether anhydro existente nos ethers communs; por tanto, o seu estudo ethereometrico torna-se para nós, os pharmaceuticos, de grande importancia.

Os ethers do commercio e dos laboratorios são a mistura de ether anhydro, alcohol, agua em proporções variaveis; e, como estes tres liquidos todos têm densidades differentes, julgou-se por muito tempo que os meios usados para reconhecermos a concentração dos alcohoes egualmente nos poderiam guiar para avaliarmos a dos ethers. Estas idéas, apregoadas por chimicos e pharmaceuticos notaveis, passaram a ser seguidas e adoptadas; e o emprego do areometro ou pesa-espiritos de Beaumé teve voga, chegando a ser por muito tempo o meio seguido para se julgar da concentração dos ethers. D'este modo os mais puros deviam marcar neste instrumento 65° a 66° proximamente, o medicinal 56°, que corresponde a 0,76 do decimetro ou 15 cent. As condições d'estes liquidos são muito differentes das que encontramos nos alcohoes; por tanto, os meios seguidos e que nos são vantajosos para averiguarmos da concentração d'estes, falham completamente para julgarmos da concentração dos outros.

É sabido que a densidade dos alcohoes de vinho depende tão sómente das proporções de alcohol anhydro e de agua que contêm, em quanto que a dos ethers, como, por exemplo, o sulphurico, resulta das quantidades em que o oxydo de etilo, alcohol anhydro e agua estão combinados. Podemos pois deduzir que a densidade d'esta triplice mistura não póde dar-nos directamente a conhecer a porção de ether puro que em si contém, porque bem póde ser a mesma em liquidos de differente pezo especifico, e, vice-versa, consoante as quantidades dos outros dois corpos que são componentes dos ethers.

Podemos sem duvida conseguir os resultados apetecidos mediante o uso do areometro, e sempre que averiguamos primeiramente o peso especifico do ether subtraindo a agua

que deve conter, e tornando a averiguar a densidade da
mistura do ether e alcohol anhydro que restam e que devemos comparar então com a que apresentar outro liquido
que tenha proporções já conhecidas d'estes dois elementos.

É este o fundamento do methodo etherometrico, pro-
posto recentemente por mrs. Regnauld e Adrian e aceite
por chimicos de merito reconhecido. Para a subtracção da
agua existente no ether commum têm adoptado estes auctores o emprego do carbonato de potassa dessecado, e
por via d'elle conseguido os melhores resultados praticos.
Reduz-se pois o ensaio a verificar previamente a densidade
do ether que desejamos examinar, separar a sua agua por
intermedio do carbonato de potassa preparado convenientemente, determinar depois a densidade da mistura d'ether
e alcohol restante, buscando por ultimo as taboas formadas
de modo a avaliarmos a quantidade d'alcohol e ether cor-
respondente a esta densidade e a agua que necessita a
mistura alcoholica-etherea para adquirir o peso especifico
observado no liquido primitivo. Lowitz simplifica tanto o
seu processo investigador do ether, que o limita ao seguinte :
tracta este corpo quando impuro pelo carbonato de potassa
dessecado, ou inteiramente privado da agua; depois pelo
chlorureto de calcio, que se apodera do alcohol ; e assim ave-
rigua pelos meios ordinarios a quantidade absoluta d'ether
puro, prescindindo de taboas comparativas e areometros.

Ainda no grupo dos excipientes menciona o auctor dos *Elementos de Pharmacia* o ammoniaco liquido, glycerina, oleos fixos animaes e vegetaes, essencias ou oleos volateis. A preparação, descripção dos processos mais em voga, os meios mais racionaes de purificação, são estudados pelo auctor, e nas paginas do seu livro podemos beber as doutrinas mais modernas relativas a taes materias, clara e elegantemente dispostas nas suas ultimas folhas. Por fim temos a segunda parte do livro—a pharmacopeia, ensinando avultado numero de formulas que são escolhidas e auctorisadas por longa pratica pharmaceutica e dispostas alphabeticamente. A lista posologica; a enumeração de muitas substancias incompativeis; o quadro das substancias que a luz altera mais directamente; a lista dos principaes reagentes chimicos que deve haver nas pharmacias, são tudo titulos a mais e mais recommendar a obra a que dedicámos este estudo.

Aqui lançamos algumas paginas, não escriptas com o intuito de alardear sciencia que não temos, e menos ainda para dar valor a obra de reconhecido merito, sem para isso possuirmos auctoridade. Só nos move um principio por certo louvavel — respeito e consideração de discipulo a mestre.

FIM

Vende-se nas seguintes livrarias:

Porto — Moré — Magalhães & Moniz — E. Chardron — Jacinto Antonio Pinto da Silva.

Lisboa — José Antonio Rodrigues — Antonio Maria Pereira — Campos Junior — Ferreira Lisboa & C.ª

Coimbra — Manuel d'Almeida Cabral.

Nas mesmas livrarias se vende do mesmo auctor:

PHARMACEUTICOS ILLUSTRES D'HESPANHA

ESTUDOS BIOGRAPHICOS

Um volume — 500 réis

Check Out More Titles From HardPress Classics Series In this collection we are offering thousands of classic and hard to find books. This series spans a vast array of subjects – so you are bound to find something of interest to enjoy reading and learning about.

Subjects:
Architecture
Art
Biography & Autobiography
Body, Mind &Spirit
Children & Young Adult
Dramas
Education
Fiction
History
Language Arts & Disciplines
Law
Literary Collections
Music
Poetry
Psychology
Science
…and many more.

Visit us at www.hardpress.net

Im The Story
personalised classic books

JANE IN WONDERLAND

LEWIS CARROLL

"Beautiful gift.. lovely finish.
My Niece loves it, so precious!"

Helen R Brumfieldon

★★★★★

UNIQUE GIFT

FOR KIDS, PARTNERS
AND FRIENDS

Timeless books such as:

Kids

Alice in Wonderland · The Jungle Book · The Wonderful Wizard of Oz
Peter and Wendy · Robin Hood · The Prince and The Pauper
The Railway Children · Treasure Island · A Christmas Carol

Adults

Romeo and Juliet · Dracula

Highly
Customizable

Change
Books Title

Replace
Characters Names
with yours

Upload
Photo dor
inside page)

Add
Inscriptions

Visit
Im The Story .com
and order yours today!

CPSIA information can be obtained
at www.ICGtesting.com
Printed in the USA
BVHW041500220819
556561BV00024B/6169/P